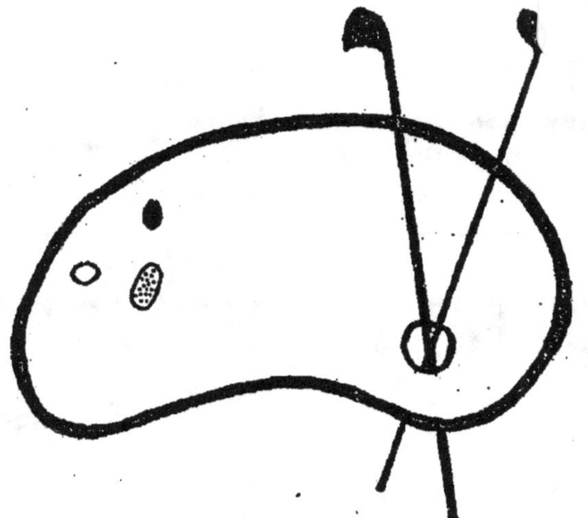

DEBUT D'UNE SERIE DE DOCUMENTS
EN COULEUR

SCIENCE ET RELIGION
Études pour le temps présent
SÉRIE HISTORIQUE

publiée sous les auspices de la Société Bibliographique

D'OÙ VIENNENT LES MOINES ?

ÉTUDE HISTORIQUE

PAR

le R. P. Dom BESSE
Bénédictin de l'abbaye de Ligugé

DEUXIÈME ÉDITION

PARIS
LIBRAIRIE B.-BLOUD
4, RUE MADAME ET RUE DE RENNES, 59
1901

SOCIÉTÉ BIBLIOGRAPHIQUE

ET DES PUBLICATIONS POPULAIRES

5, rue Saint-Simon, Paris, VIIe

But de la Société. — La Société Bibliographique a pour but de réunir tous les hommes d'intelligence et de cœur, désireux de mettre en commun leurs efforts au service de la Religion et de la Science.

A cet effet, elle favorise la création de *bibliothèques, de cabinets de lecture, la publication d'ouvrages pour les classes dirigeantes et pour les classes populaires*, ouvre *des conférences scientifiques, littéraires et sociales* ; elle signale tous les mois, dans le **Polybiblion** (*Revue biblio-graphique universelle*), les ouvrages parus en France et à l'Étranger ; enfin elle envoie *gratuitement* à tous ses membres son **Bulletin mensuel**, qui contient une *bibliographie de livres approuvés et destinés à la création de bibliothèques populaires catholiques*.

Avantages réservés aux Sociétaires. — 1º Au point de vue moral : les Sociétaires contribuent à la conservation de la Foi.

2º **Au point de vue intellectuel :** *Renseignements bibliographiques ; prêts de revues de la Bibliothèque de la Société ;* droit aux **prêts de bibliothèques renouvelables** (*demander les notices spéciales*).

3º **Au point de vue matériel : la Société assure à ses membres des avantages tels qu'ils rentrent, et au-delà, dans le montant de leur cotisation**.

Ses Ressources. — Elles se composent : 1º de la cotisation de tous ses membres associés-correspondants, laquelle est de 10 fr. par an ; on peut s'en exonérer moyennant le versement d'une somme de 150 fr. une fois payée.

2º **Des apports des membres titulaires, qui sont** de la somme de **100 fr.** *au moins* une fois payée. (Ce versement n'exempte pas de la cotisation annuelle de 10 fr., mais il **donne droit à être éligible** comme membre du Conseil de la Société).

3º **Des dons extraordinaires qui lui sont faits**.

Résultats obtenus. — La Société Bibliographique est arrivée à inscrire sur ses listes plus de *neuf mille cinq cents sociétaires* ; chaque année elle fait de nombreux envois de livres pour bibliothèques catholiques et pour distributions de prix aux enfants de nos écoles libres.

Pour plus amples renseignements, s'adresser **directement** *à la Société, 5, rue Saint Simon*.

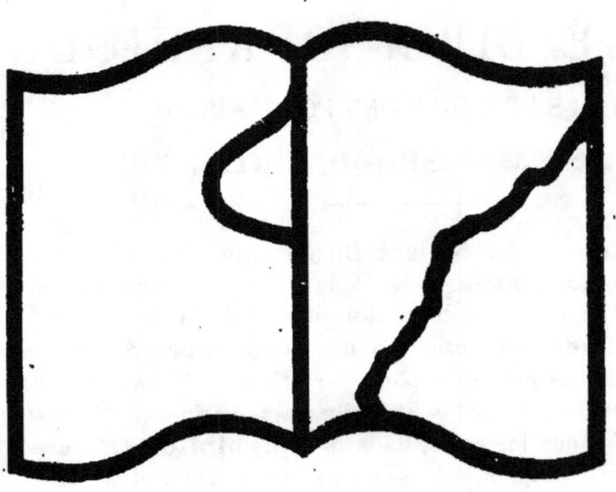

Texte détérioré — reliure défectueuse
NF Z 43-120-11

SCIENCE ET RELIGION

Etudes pour le temps présent. — Prix : 0 fr. 60 le vol.

L'Autorité humaine des Livres saints, par le P. Méchineau, S. J. 1 vol.
Qu'est-ce que le miracle ? — *Analyse de sa notion. Ses éléments cons-titutifs*, par l'abbé E. Coste. 1 vol.
Les trois Formes du Surnaturel. *Le Miracle, la Révélation et la Grâce*, par Pierre Vallet, P. S. S. 1 vol.
Du même auteur : Dieu principe de la loi morale. 1 vol.
La Bible depuis son origine jusqu'à nos jours, par M. l'abbé Chauvin 2 vol. se vendant séparément.
  I. *La Bible chez les Juifs.* 1 vol.
  II. *La Bible dans l'Eglise catholique.* 1 vol.
Etudes sur l'origine de la Société, par le R. P. Montagne, des Frères-Prêcheurs. 3 vol. se vendant séparément.
  I. *La Théorie du Contrat social.* 1 vol.
  II. *La Théorie de l'Organisme social, d'après l'Ecole naturaliste.* 1 vol.
  III. *La Théorie de l'Etre social, d'après saint Thomas d'Aquin* 1 vol.
Le Problème de la Souffrance humaine. — *Pourquoi souffrir ? Triple réponse chrétienne*, par le P. Badet, de l'Oratoire. 1 vol.
Le Matérialisme et la Nature de l'Homme, par M. l'abbé G. Contestin, chanoine titulaire de Nîmes. 1 vol.
Le Mouvement religieux en Angleterre au XIXe siècle, par le R. P. Ragey, Mariste. 3 vol. se vendant séparément.
  I. *L'Anglicanisme.* 1 vol.
  II. *Le Ritualisme.* 1 vol.
  III. *Le Catholicisme en Angleterre.* 1 vol.
La Liberté d'Enseignement. *Aperçu historique*, par M. l'abbé Laurent. 1 vol.
Rivalités scientifiques ou la Science catholique et la prétendue Impartialité des Historiens, par le R. P. Th. Ortolan, 3 vol. se vendant séparément.
  I. *La Manie du Dénigrement.* 1 vol.
  II. *Les Fausses réputations.* 1 vol.
  III. *Les Oubliés.* 1 vol.
L'Occultisme contemporain. — *Ses doctrines et ses divers systèmes*, par Charles Godard. 1 vol.
Evolution, Progrès, Liberté, par P. Vallet. 1 vol.
Les Qualités de l'Educateur, par J. Guibert, P. S. S. 1 vol.
La Bible et les Théories scientifiques, par M. l'abbé B. Colomer 1 vol.
L'Origine apostolique du Nouveau Testament, par le P. Lucien Méchineau, S. J. 1 vol.
Hasard ou Providence. *Le Problème des Causes finales*, par le R. P. J.-D. Folghera, des Frères-Prêcheurs. 1 vol.
La Conservation de l'Energie et la Liberté morale, par le R. P. de Munnynck, O. P. 1 vol.
Le Péché originel dans Adam et ses descendants. *Exposé apologétique*, par le R. P. Le Bachelet, S. J. 2 vol.
Le Monde Juif au temps de Jésus-Christ et des Apôtres, par l'abbé Beurlier. 2 vol.
Le Dogme chrétien dans la Religion juive, par A.-F. Saubin 1 vol.

Le Régime corporatif et l'Organisation du Travail, par le R. P. G. DE PASCAL. 2 vol. se vendant séparément.

I. *Le Passé*. 1 vol.

II. *L'Avenir*. 1 vol.

Le Dogme de l'Eucharistie, *essai d'explication*, par le P. LERAY, prêtre eudiste. 1 vol.

Les Raisons de ma croyance, par le cardinal MANNING, archevêque de Westminster, traduit de l'anglais par l'abbé E. Peltier. 2 vol.

Le Monde des Esprits. — **Anges et Démons**, par le R. P. DOM MARÉCHAUX. 1 vol.

Le Mouvement féministe. *Ses causes — Son avenir — Solution chrétienne*, par la comtesse Marie DE VILLERMONT. 2 vol.

Le Brahmanisme, par Ch. GODARD 1 vol.

Du même auteur : **Le Fakirisme**, *les Fakirs et leurs prestiges*. 1 vol.

L'Eglise grecque orthodoxe et l'Union, par le P. Fr. TOURNEBIZE, S. J. 2 vol.

Analogies de la Science et de la Religion, par Pierre COURBET 2 vol.

L'Education supérieure des Femmes, par Mgr SPLADING, évêque de Peoria; traduit de l'anglais par M. l'abbé Félix Klein. 1 vol.

Le Beau dans les Œuvres littéraires, par M. l'abbé GABORIT, archiprêtre de la cathédrale de Nantes 1 vol.

L'Église et le Droit des Gens, par le R. P. G. DE PASCAL. 1 vol.

L'Enfance du Christ d'après les Traditions juives et chrétiennes, par M. l'abbé C. CHAUVIN. 1 vol.

Du même auteur : **Le Purgatoire, s'il existe, et ce qu'il est.** 1 vol.

Le Repos dominical. *Bonheur de l'Individu, de la Famille et de la Société*, par le P. François TOURNEBIZE, S. J. 1 vol.

Les Miracles de l'Évangile, par P. VALLET, P. S. S. 1 vol.

Histoire et légende de la Congrégation (1801-1830), par J. M. VILLEFRANCHE 1 vol.

Pour et contre l'Évolution, ou *Étude sur l'origine des Espèces*, par l'abbé LEROY, ancien Directeur au Grand Séminaire de Séez, 2 vol.

L'Origine mosaïque du Pentateuque, par le P. Lucien MÉCHINEAU, S. J. 1 vol.

L'Homme animal et L'Homme social, *d'après l'école matérialiste*, par C. de KIRWAN. 1 vol.

La Révocation de l'Édit de Nantes, ses causes et ses conséquences, par L. DIDIER, Agrégé de l'Université. 1 vol.

Les Doctrines sociales catholiques en France, *depuis la Révolution jusqu'à nos jours*, par VICTOR DE CLERCQ, avocat à la Cour d'Appel de Paris. Avant-propos par Georges GOYAU. — Première partie : *Les Précurseurs*. — Deuxième partie : *Les Contemporains*. 2 vol.

La Femme chrétienne au temps des persécutions, son influence et son rôle. *Étude historique*, par le P. BADET, de l'Oratoire. 1 vol.

La Providence. — *Conservation des êtres créés.* — *Gouvernement du monde.* — *Répartition des biens et des maux*, par G. CONTESTIN, chanoine titulaire de Nîmes. 1 vol.

Théorie de l'Education, par L. LABERTHONNIÈRE, de l'Oratoire, Supérieur du Collège de Juilly. 1 vol.

Demander la liste **complète** *des volumes* **Science et Religion** *parus à ce jour.*

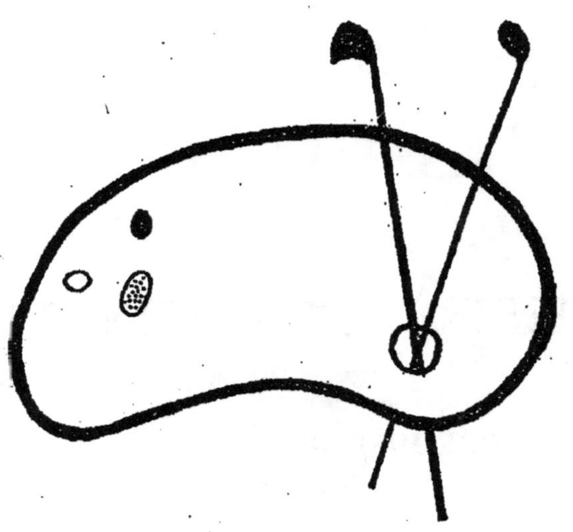

FIN D'UNE SERIE DE DOCUMENTS
EN COULEUR

D'OÙ VIENNENT LES MOINES ?

ÉTUDE HISTORIQUE

SCIENCE ET RELIGION
Études pour le temps présent
SÉRIE HISTORIQUE
publiée sous les auspices de la Société Bibliographique

D'OÙ VIENNENT LES MOINES ?

ÉTUDE HISTORIQUE

PAR

le R. P. Dom BESSE

Bénédictin de l'abbaye de Ligugé

PARIS

LIBRAIRIE B. BLOUD

4, RUE MADAME ET RUE DE RENNES, 59

1901

D'OÙ VIENNENT LES MOINES?

ÉTUDE HISTORIQUE

I

OPINIONS ÉMISES SUR LES ORIGINES DE LA VIE MONASTIQUE

D'où viennent les moines?

Il y a longtemps que cette question s'est posée pour la première fois. Dès le ive siècle, en présence du développement extraordinaire que prit la vie monastique, on se demanda quelle pouvait bien être son origine. Les moines ne furent pas les derniers à répondre. Cassien, saint Grégoire de Nazianze, saint Sérapion, saint Nil, saint Augustin, pour m'en tenir aux principaux, la cherchèrent dans les divines Ecritures, en donnant pour auteur à cette institution Jésus-Christ lui-même. Si quelques-uns des prophètes, Elie et Elisée en particulier, et, à une date plus rapprochée, saint Jean-Baptiste ont mené une existence qui permit de voir en eux les ancêtres des moines, Jésus-Christ seul a formulé les principes fonda-

mentaux sur lesquels la vie monastique repose.
Pratiquée tout d'abord par les apôtres et par les
premiers chrétiens de Jérusalem, elle devint chère
aux Eglises primitives, qui la transmirent fidèlement aux générations chrétiennes suivantes. C'est
ainsi qu'elle se trouva pleine de vigueur et d'espérance au jour où la fin des persécutions lui permit de s'épanouir en toute liberté (1).

D'après les mêmes écrivains, la vie religieuse
fut, dans les premiers temps du Christianisme,
une condition commune à tous les chrétiens, prêtres et laïques. Lorsque la ferveur primitive eut
perdu son énergie, les hommes, désireux de maintenir intacte cette tradition de vie sainte, durent
fuir un milieu relâché ; la solitude offrit un abri
favorable à leur amour de la perfection.

La suite de cette étude montrera ce que ces
assertions renferment de vérité. Qu'il suffise de
signaler pour le moment le crédit qu'elles trouvèrent auprès des théologiens du Moyen Age. On
les retrouve sous la plume de leurs successeurs,
qui eurent à défendre la doctrine catholique contre les nouveautés de la Réforme (2).

Il y avait longtemps que cette opinion séculaire était compromise, lorsque Suarez et Bellarmin

(1) CASSIEN, *Institut.*, l. II, ch. v, pp. 20-2, éd. Halm.
— SAINT GRÉGOIRE DE NAZIANZE, *Oratio* 43. *Pat. gr.*,
t. XXXIV, col. 535. — SAINT SÉRAPION, *Epistola ad mona-
chos*, 11. *Pat. gr.*, t. XL, col. 778. — SAINT NIL, *De exer-
citatione mon* *ica*, ch. i, iv. *Pat. gr.*, t. LXXIX, col. 719,
723.

(2) BELLARMIN, *De controversiis christianæ fidei*, t. II,
l. II, cap. vi et s., col. 312 et s., éd. de Milan, 1721. —
SUAREZ, *De statu perfectionis*, l. III. *Opera omnia*, t. XV,
424-226, éd. de Paris, 1859.

s'en firent les échos. Wiclef l'attaqua le premier (+ 1384). Les ordres religieux étaient, à son avis, une institution mauvaise et absolument condamnable ; il n'y avait rien de plus contraire à l'esprit de l'Evangile. Saint Antoine, saint Basile, saint Benoît et les autres patriarches monastiques s'étaient rendus coupables, en les établissant, d'une faule grave, qu'ils ont dû réparer par une pénitence sincère, sans quoi Dieu ne les eût pas admis dans le ciel. Cette erreur de Wiclef survécut aux anathèmes du concile de Constance (1418) (1). Luther, Calvin et les réformateurs du xvi⁰ siècle la rajeunirent. Pendant que les princes, leurs adeptes, pillaient les monastères et que les religieux, endoctrinés par leur prédication, violaient leurs engagements et prenaient femme, les centuriateurs de Magdebourg se chargèrent de montrer au nom de l'histoire que la vie religieuse n'a rien à voir avec l'Evangile. C'est une institution du iv⁰ siècle. Et encore, ajoutaient-ils, les moines de cette époque différaient singulièrement de leurs successeurs du Moyen Age et des temps modernes, à tel point qu'on pouvait se demander s'ils appartenaient vraiment à la même institution. Les faits allégués par les centuriateurs et leurs disciples pour appuyer leurs dires, accréditèrent leur

____

(1) Voici quelques propositions de Wiclef condamnées par les Pères du Concile : *Si quelqu'un entre dans un ordre religieux, mendiant ou doté, il devient inapte et impropre à l'observation des commandements de Dieu. — Les saints, fondateurs d'ordres religieux, ont péché en les instituant. — Tous les ordres religieux ont été inventés par le diable. — Ceux qui fondent des monastères commettent un péché ; ceux qui y entrent sont des hommes diabolisés.*

opinion sur les origines de la vie monastique. Quelques historiens catholiques finirent par l'accepter.

D'autres cependant, et parmi eux des hommes très autorisés tels que Tillemont, continuèrent d'affirmer l'existence des religieux avant cette époque, au temps des persécutions. L'étude des origines chrétiennes a permis d'arriver sur ce point à des conclusions scientifiques. Tout le monde reconnaît aujourd'hui qu'il y a eu, durant les trois premiers siècles, des religieux. On ne leur donne pas le nom de moines. Ce sont des *confessores*, des *religiosi*, des *continentes*. On les nomme plus généralement *ascètes*; leur genre de vie est l'*ascétisme* ou l'*ascèse*, termes qui reviendront habituellement sous notre plume au cours de ce travail.

Mais ces ascètes, d'où viennent-ils eux-mêmes ? Telle est la question qui se pose de nouveau. Les historiens qui l'ont examinée présentent des solutions diverses. Les uns déclarent nettement que l'ascèse dérive de l'Evangile et qu'elle a Jésus-Christ pour fondateur. Inutile de dire que cette opinion est surtout répandue parmi les catholiques. Les autres, sans nier l'influence de l'Evangile sur l'ascèse et sur son développement, y reconnaissent plutôt un emprunt fait par le Christianisme aux religions et aux écoles philosophiques de l'antiquité. C'est une opinion courante dans les milieux où l'on étudie les origines chrétiennes, sans avoir la moindre foi en la divinité de Jésus-Christ et en l'action que le Saint-Esprit ne cesse d'exercer sur l'Eglise. Les hommes qui abordent l'étude du Christianisme, de son dogme ou de ses institutions avec cette idée préconçue, se privent d'un élément indispensable pour arriver à la connaissance de la vérité entière. Ils en sont réduits à des conjectures parfois bien invraisemblables.

Pour avoir sur l'origine historique de la vie religieuse une opinion aussi nettement établie que possible, il est tout d'abord nécessaire de soumettre à un examen consciencieux les faits que l'étude de cette question a pu jusqu'à ce jour mettre en avant. Nous chercherons donc à savoir ce qu'il faut penser des ascètes païens et de leur influence sur l'ascèse chrétienne ; nous étudierons ensuite les rapports qui ont existé entre l'ascèse juive et l'ascèse chrétienne, pour démontrer enfin l'origine évangélique de cette dernière.

II

ASCÈTES PAÏENS

Le Christianisme n'a point de nos jours le monopole de la vie monastique. Il y a des moines chez les musulmans, dans les Indes et dans les contrées qui ont adopté les cultes religieux de l'Hindoustan. Des moines de l'Islam, nous ne dirons qu'une chose : leur institution est postérieure à la mort du prophète, et leur genre de vie est une adaptation de la vie religieuse chrétienne aux doctrines et aux pratiques du Coran et aux mœurs arabes. Les brahmes, les moines boudhistes et les fakhirs sont très nombreux dans l'Inde et dans l'Extrême Orient, où leurs couvents abondent. Comme les règles suivies par eux ont subi dans le cours du Moyen Age une évolution manifeste, nous ne pouvons conclure des analogies qu'elles présentent avec les diverses formes du cénobitisme chrétien à une influence exercée par elles sur ce dernier. Le contraire serait plus conforme à la vérité (1).

(1) Cf. MARQUIS DE LA MAZELIÈRE, *Moines et ascètes indiens.* Paris, 1898.

Nous savons cependant, des témoignages indéniables l'affirment, qu'il y avait, à l'époque où vivait Notre-Seigneur et même plusieurs siècles auparavant, dans quelques religions païennes une véritable vie ascétique, avec des adhérents plus ou moins nombreux. Il n'y a rien là qui puisse nous surprendre. La vie religieuse n'est pas, en effet, le privilège exclusif de la religion révélée. Elle peut appartenir, dans une certaine mesure, à la religion naturelle. L'homme est susceptible d'avoir en lui-même une aspiration réelle vers une existence supérieure où son âme entretient avec le Créateur des relations plus intimes et contracte avec lui des liens plus étroits. Ce n'est pas, il faut le reconnaître, un sentiment général. On le trouve seulement chez quelques natures d'élite, en qui la tare du péché originel et des déchéances dont elle est la source n'a pu complétement l'étouffer. Les erreurs et les pratiques grossières des religions fausses ou même idolàtriques lui impriment un caractère étrange qui parvient à le dénaturer, sans toutefois le détruire. Cette aspiration partage le sort d'un certain nombre de pensées et de rites, appartenant à la religion naturelle et qui se trouvent à la base du Christianisme comme de la plupart des cultes païens. Elle se manifeste d'autant mieux que ces religions s'éloignent moins de l'idéal primitif.

Cela dit, passons à l'examen des ascètes du Paganisme, dont l'histoire a conservé le souvenir, pour voir s'ils ont véritablement exercé une influence sur les origines ou sur les développements de l'ascèse chrétienne.

Les ascètes de l'Inde sont, sans contredit, les

plus intéressants et les plus anciens. Le brahmanisme et le boudhisme font à la vie ascétique une part très large, plus large peut-être que le christianisme. Le second apparaît surtout presque essentiellement monastique. Et ses moines ont éprouvé de bonne heure le besoin de l'apostolat. Ce sont eux qui ont contribué à sa diffusion à travers le continent asiatique et les îles voisines.

L'ascète hindou tend à la perfection. Mais l'idée qu'il s'en fait n'a rien de commun avec celle du moine chrétien. S'il pratique la continence, il ne s'astreint par aucun vœu. Sa pauvreté est réelle ; il vit d'aumônes comme les mendiants. Quelques-uns se soumettent à des exercices étranges et pratiquent des pénitences extraordinaires. Or toute cette ascèse est purement extérieure ; l'anéantissement des facultés supérieures de l'âme en est une partie essentielle. Inutile de chercher la moindre notion de charité chez des hommes qui sont les victimes d'un fol orgueil et d'un égoïsme insensé.

Mais une question se pose ? Quelle est l'origine de cette ascèse ? Présentait-elle les mêmes caractères aux premiers siècles de l'ère chrétienne et dans ceux qui l'ont précédée ? Il est difficile de répondre avec quelque certitude, parce que les documents dignes d'une entière confiance font défaut. Ceux qui sont parvenus jusqu'à nous, renferment un mélange déconcertant de récits légendaires où il est difficile de démêler la vérité. Que diraient certains critiques si le christianisme et ses institutions n'avaient pas de fondement historique plus solide ?

Les contemporains de Notre-Seigneur n'ignoraient pas cependant l'existence des ascètes de l'Inde. Alexandre le Grand en avait rencontré plusieurs au cours de son expédition. Ses historiens conservaient le souvenir de ces hommes extraordinaires, de leur philosophie et de leurs coutumes. Le géographe Strabon a résumé les récits de Mégasthène, d'Aristobule et d'Onésicrite (1).

Mégasthène parle longuement des Brachmanes et des Garmanes, qui formaient une secte philosophico-ascétique très estimée. Les premiers, que des oraisons spéciales préparaient à leur mission future dès le sein de leurs mères, recevaient une formation sérieuse. Arrivés à l'âge mûr, ils habitaient les bois sacrés, écoutaient de doctes dissertations, pratiquaient la continence, ne mangeaient ni viande, ni aliment qui eut passé par la chair et prenaient leur repos sur de misérables paillasses. La mort faisait le sujet ordinaire de leurs méditations et la base de leur ascèse intérieure. La philosophie qu'ils professaient rappelait par plusieurs points celle des Grecs à laquelle ils mélangeaient des fables ridicules. Malgré leur vie pauvre, ces ascètes conservaient la propriété de leurs biens. Ils étaient, après trente-sept ans d'ascèse, libres de se retirer, de vivre comme bon leur semblait et d'épouser autant de femmes qu'ils en pouvaient désirer ; ce qui ne les empêchait point d'appartenir toujours à la secte des Brachmanes.

Les Garmanes ou *Hyloboi* habitaient eux aussi

(1) *Géographie* de SRABON, l. XV, c. LIX LXVI, t. III, p. 248-258. Trad. Tardieu. Paris, 1880.

les bois, où ils erraient vêtus d'écorces d'arbres. Ils étaient chastes et ne buvaient jamais de vin ; les feuilles tendres et les fruits sauvages composaient toute leur nourriture. Ils avaient des pratiques rigoureuses pour rompre leur corps à la fatigue. Les rois et le peuple les tenaient en grande estime et les consultaient dans les affaires importantes. Ils admettaient des femmes en leur compagnie. Il y avait parmi eux plusieurs catégories : médecins, devins, enchanteurs, etc. Quelques-uns s'en allaient mendiant, de ville en ville, de village en village.

Aristobule fournit de curieux détails sur deux brahmanes, qu'il rencontra auprès de Taxila. Des disciples vivaient sous leur direction. Les habitants les comblaient d'honneurs. Ils vivaient de gâteaux confectionnés avec du miel et de la sésame que les marchands leur laissaient prendre à leur étalage. Alexandre, qui désirait les voir de près, les fit inviter à sa table. L'un d'eux accepta même de le suivre. Mais, renonçant à sa vie austère, il prit femme et eut des enfants ; il usait en cela des privilèges de sa secte.

Les *Gymnosophistes*, que Onésicrite a fait connaître, ne témoignèrent pas les mêmes égards au conquérant. Ce prince, craignant de déroger à sa dignité par une visite, leur dépêcha Onésicrite en personne. Celui-ci en trouva quinze dans une solitude. Ils ne portaient aucun vêtement. Chacun avait une posture spéciale, qu'il gardait toute la journée : quelques-uns restaient exposés aux rayons brûlants d'un soleil intolérable. Ils rentraient la nuit dans la ville, après avoir passé leur journée dehors. Les femmes étaient admises à mener ce genre de vie. L'un de ces ascètes, nommé Colonus, suivit Alexandre jusqu'en Perse où il se donna la mort dans les flammes d'un bûcher, conformément aux usages de son pays.

Cet ascétisme de l'Inde a-t-il exercé une influence sur l'Eglise chrétienne des trois premiers siècles ? Rien jusqu'à ce jour n'a permis de l'affirmer. Il n'a pas influé davantage sur la civilisation grecque. La littérature de cette époque n'a conservé aucune trace qui puisse servir de base même à une simple conjecture (1). Or, sa fécondité est connue. Les Brahmanes et les Gymnosophistes n'étaient cependant pas ignorés, surtout depuis que Strabon en avait parlé. Tertullien les connaissait certainement. Les analogies qu'ils peuvent présenter avec quelques types assez originaux du monachisme au iv° siècle constituent une ressemblance purement accidentelle, qui s'explique très aisément. Qui donc voudrait soutenir que les rares moines nus de l'Egypte et les *Bosxoi* de la Mésopotamie, hommes simples jusqu'à la rusticité, aient voulu suivre les exemples de ces philosophes ascètes de l'Orient, dont certainement ils ignoraient l'existence. L'ascète hindou est caractérisé par une tendance philosophique très accentuée ; il n'y a rien de semblable chez les ascètes chrétiens qui, du moins au début, n'ont aucune prétention intellectuelle de cette nature.

(1) Sylvain Lévi, *Le Bouddhisme et les Grecs.*— *Rev. de l'hist. des religions*, t. XXIII (1891), p. 36-49.

(2) Voici, sur les prétendues relations du Bouddhisme avec le Christianisme, l'opinion de deux savants, qui jouissent en pareille matière d'une grande autorité :

Ceux qui ont voulu établir des relations entre Syméon le stylite et les ascètes qui auraient utilisé les colonnes du temple de Hiérapolis n'ont pas été plus heureux. Syméon ne soupçonnait même pas l'existence de ces fameuses colonnes. Si les textes authentiques qui racontent sa vie étonnante ne suffisaient pas pour déconcerter les partisans de ces influences païennes, il n'y aurait qu'à leur demander comment des hommes simples et ignorants, tels que Syméon et la plupart des moines au ive siècle, auraient-ils pu aller chercher des exemples aussi anciens et éloignés (1).

L'Egypte se prêtera-t-elle mieux à ces rapprochements ? La vallée du Nil fut, à la fin du iiie siècle et surtout pendant le ive, la terre classique des ascètes et des moines. Comment expliquer ce fait ? M. Amélineau, qui, durant plusieurs années, se fit du monachisme égyptien une sorte de fief intellectuel, n'y voit aucune difficulté. Il y avait en Egypte des moines païens depuis longtemps ; et ils étaient nombreux. Ils ont passé au Christianisme. Ceux que l'on trouve installés près

« Toute ma vie, j'ai recherché par quels moyens le Bouddhisme aurait agi sur le Christianisme. Ces moyens, je ne les ai pas trouvés. » (Max Müller cité par M. de la Mazelière, dans *Moines et ascètes indiens*, p. 256). L'on a parlé d'une influence réciproque de l'Orient sur l'Occident et de l'Occident sur l'Orient. Mais, de part et d'autre, je ne sache pas une idée que le développement naturel des anciennes doctrines n'explique plus facilement qu'une pareille influence. » (Deussen, cité par le même auteur).

(1) Delehaye, *Les stylites.* Compte rendu du troisième Congrès scientifique international des catholiques, cinquième section. *Sciences historiques*, p. 143.

de leurs villages, dès les premiers temps du monachisme, ne pouvaient encore être convertis,
bien qu'ils aient été rangés parmi les martyrs de
la Foi (1). Pourquoi ne pouvaient-ils être chrétiens ? M. Amélineau n'a pas cru bon de le dire.
Il se borne à les présenter comme les continua-
teurs d'ascètes plus anciens. « Il est hors de
doute, dit-il, que l'Egypte antique connut des solitaires et des moines : le reclus qui vivait près
du Sérapéum de Memphis avait devancé d'au
moins cinq siècles le célèbre Jean de Lyco-
polis. »

Une seule chose est hors de doute : l'existence
du reclus de Memphis. C'est Brunet de Presles
qui l'a révélé au monde après la découverte de
précieux papyrus ayant appartenu à ce temple.
Il y avait là des hommes voués au service de la
divinité et qui étaient astreints à la réclusion.
Une fenêtre les mettait en communication avec
l'extérieur. Ils avaient un costume noir. Les de-
voirs du culte et la prière absorbaient leurs
journées. L'administration du temple pourvoyait
à leurs besoins. Les membres de leurs familles ou
des serviteurs veillaient sur les biens dont ils
conservaient la propriété. Leur réclusion n'était
que temporaire (2).

Quelle fut la durée de cette institution ? Fut-elle
locale ou commune à plusieurs sanctuaires ? On
ne saurait le dire ; puisque la correspondance de

____

(1) Amélineau, *Histoire des monastères de la Basse Egypte.*
Introduction, II, Paris, 1894.
(2) Brunet de Presle. *Mémoire sur le Sérapéum de
Memphis. Mém. de divers savants à l'Acad. des Inscrip-
tions et belles-lettres*, série I, t. II, p. 552 et s.

2

Ptolémée, qui a fourni les renseignement donnés plus haut, n'en souffle pas un mot. Néanmoins, il y a un quart de siècle, Weingarten crut pouvoir en faire dériver tout le monachisme égyptien (1). Cette tentative trouva d'abord quelque crédit en Allemagne, malgré les attaques qui ne lui furent pas épargnées. Mais la fortune ne lui a pas souri longtemps. On ne songe plus guère aujourd'hui à faire de saint Pakhôme un continuateur de Ptolémée de Memphis et de ses règles un emprunt à la législation sérapiste. Les sources de l'histoire monastique, que Weingarten put croire un instant reléguées parmi les récits fabuleux, sortent indemnes et réhabilitées de l'examen des critiques les plus autorisés ; et les reclus du Sérapéum perdent beaucoup de leur importance. Ce ne sont plus désormais que des dévots, consacrés pour un temps au culte de la Divinité, afin d'obtenir soit une guérison soit une inspiration. Nous voilà donc bien éloignés du fameux ordre sérapiste (2).

Que doit-on penser des ascètes du monde grec et romain ? Inutile d'insister sur les Vestales. Ces filles, choisies avec le plus grand soin dans l'aristocratie romaine, vouées à l'entretien du feu sacré et à la conservation des actes publics, ne présentent d'autre caractère ascétique qu'une virginité temporaire, placée sous la sauvegarde de lois inflexibles, entourée de privilèges et d'honneurs, comblée de richesses. Le rôle joué par leur col-

(1) WEINGARTEN. *Der Ursprung des Münchtums in nach-constantinischen Zeitalter.* 1877.

(2) PREUSCHEN, *dans Jahresbericht des Gron. Ludwigs Georgs Gymnasiums... zu Darmstadf. Ostern,* 1899.

lège dans la ville de Rome est un hommage éclatant rendu à la grandeur de cette vertu. Mais impossible de saluer en elles des précurseurs de nos
vierges chrétiennes (1).

On ne peut passer la philosophie grecque sous
silence. D'assez bonne heure, obéissant à des influences religieuses encore mal définies, l'école
pythagoricienne associa aux conceptions cosmologiques de son fondateur, une doctrine ascétique
et mystique très caractérisée. Au lieu de se renfermer dans la recherche et la possession de la vérité spéculative, elle voulut habituer l'âme tout
entière à la pratique de la sagesse.

Le philosophe commençait par adopter une discipline sévère. Ses disciples s'assujettissaient tout
d'abord à ses exigences. C'était le premier pas
dans le chemin qui conduit à la sagesse. Les stoïciens accentuèrent encore cette tendance ascétique,
en plaçant la vertu à une hauteur où la philosophie
n'avait pas coutume de s'élever. Ces écoles avaient
beaucoup perdu de leur prestige, lorsque un courant né dans Alexandrie leur rendit vigueur et jeunesse. Les idées élaborées dans le monde trouvaient
en cette ville opulente un refuge. Juifs et philosophes grecs s'y donnaient rendez-vous et mettaient parfois leur science en commun. Ce mélange
des hommes et des idées eut pour résultat une vie
intellectuelle intense. Cela dura plusieurs siècles.

Il se fit, avant la naissance du Sauveur, sous le
nom renouvelé de Pythagore, une synthèse philosophique de Platon, de Zénon et d'Aristote, où
la morale eut sa place d'honneur. Elle donnait une

----

(1) LAZAIRE, *Etude sur les Vestales*. Paris, 1890.

règle de vie simple et austère exprimée par des formules précises. Les sentences de Sextius sont l'œuvre la plus intéressante que cette école ait produite. Rufin, qui les connut, en fit une traduction latine, qu'il mit en circulation sous le nom de saint Sixte. Cette sorte de baptême littéraire les popularisa chez les moines. Saint Benoit lui-même crut pouvoir les citer dans sa règle (1).

Au siècle suivant, l'allure de la philosophie fut encore plus ascétique, et ce progrès continua pendant deux siècles. Le phrygien Épictète se signala surtout par son célèbre *Manuel*, que saint Nil adapta plus tard, en le paraphrasant, aux besoins spirituels des moines du Sinaï (2).

La renaissance du Platonisme, due à l'enseignement de Plotin, ne fut pas moins remarquable. Nous n'avons pas à déterminer ici ce que l'école néo-platonicienne doit au Judaïsme ou au christianisme. Il nous suffit de dire que cette rénovation de la philosophie grecque aurait pu faire courir à la religion chrétienne une grave danger. Un mysticisme rêveur travaillait alors les esprits. Il y eut pour les satisfaire une littérature de romans philosophiques où des rêveries pieuses abondaient. Plotin arriva fort à propos avec son néo-platonisme formé de la substance de toutes les écoles philosophiques connues jusqu'à ce jour ; il sut vivifier par une mystique très vive cette merveilleuse adaptation de l'hellénisme antique aux esprits du IIIe siècle. La philosophie était,

(1) Le *Sapiens verbis innotescit paucis* du onzième degré d'humilité est emprunté à l'*Enchiridion Sexti*.

(2) S. NIL, cf. P. G. t. LXXIX, col. 1286, seqq. *Epicteti manuale a S. P. Nilo concisum.*

d'après lui, une marche vers Dieu. L'union avec la divinité par la contemplation ou même par l'extase était son but. Le philosophe contemplatif s'abstenait de viande et se livrait à certains exercices de l'ascèse.

Les moines égyptiens ne sont évidemment pas sortis de cette école. Un groupe d'intellectuels, aux sentiments élevés, professaient seuls ses doctrines. Si la foi chrétienne recruta parmi eux quelques fidèles, nous n'en voyons guère qui aient embrassé la vie monastique. Les premiers solitaires, dont l'histoire ait conservé le nom, n'appartenaient pas à ces milieux. C'étaient des hommes du peuple, peu instruits pour la plupart et presque toujours ignorant le grec Comment une école philosophique de cette nature eut-elle exercé son action sur eux ? Lorsque le monachisme se fut, par la vertu de ses adeptes, imposé à l'admiration générale, des hommes éminents lui apportèrent avec leur bonne volonté une culture philosophique très développée. Ils eurent bientôt à formuler les règles morales auxquelles est soumise l'ascèse chrétienne. Pouvaient-ils ne pas mettre à profit les lumières et l'expérience incontestable de quelques-uns des maîtres du Néo-Platonisme ? Leurs écrits contiennent des emprunts ou des imitations, qu'il serait intéressant de relever, mais cette recherche nous ferait sortir du cadre qui nous est tracé.

Ne faisons pas cependant au Néo-Platonisme la part trop belle. Le mouvement rénovateur, qui agitait les esprits au IIIe siècle, ne se renferma point dans l'enceinte de ses écoles. Il fut général, entraînant les chrétiens comme les infidèles. Pendant que l'école théologique d'Alexandrie grandissait sous cette poussée irrésistible, et donnait aux intelligences chrétiennes une satisfaction légitime, la vie monastique s'apprêtait à entraîner les cœurs droits à la recherche du vrai Dieu et à l'union avec lui par la pratique humble des plus sublimes vertus. Elle donna au christianisme une vie que le Paganisme avait attendue vainement de Plotin, de Porphyre et de leurs disciples. Une fois maître des esprits, il eut la sagesse de s'approprier comme un vainqueur tout ce qu'il put dérober au Néo-Platonisme.

Il n'y a rien à dire des fameuses communautés druidiques, qui auraient, par leur conversion au Christianisme, donné naissance aux vastes monastères de l'Irlande et de l'Ecosse. La découverte que crut en avoir faite M. Alexandre Bertrand n'eut aucun succès. Et pour cause ; ces moines druides n'ont jamais existé (1). Quel que soit l'intérêt que présentent les ascètes américains du Mexique, du Nicaragua et du Pérou, nous n'avons pas à nous en occuper ; personne ne peut, en effet, songer à en faire les ancêtres des moines chrétiens (2).

(1) ALEX. BEBTRAND, *La religion des Gaulois*, p. 417. Cf. l'article de M. GASTON BOISSIER sur cet ouvrage : *Journal des Savants*, 1898, pp. 578-580.

(2) DE HARLEY, *La vie ascétique et les anciennes communautés religieuses dans le Pérou. — Revue des questions scientifiques*, 1888, t. XXIII, p. 124-137.

III

ASCÈTES JUIFS ESSÉNIENS ET THÉRAPEUTES

Les Juifs ne furent pas complètement étrangers
aux préoccupations de la vie ascétique, durant les
siècles qui précédèrent la venue de Jésus-Christ.
Samuel vécut en ascète au service de l'arche. Il
ne fut sans doute pas le seul. Mais nul n'a réalisé
dans son existence les vertus qui caractérisent cet
état au même degré que Elie et Elisée, son disciple ; aussi les moines ont-ils pu les vénérer
comme des ancêtres. Les fils des prophètes mar-
chèrent dans la même voie. Dans un temps beaucoup plus rapproché, Jean-Baptiste vécut en
moine véritable. Sa vie fut pauvre et chaste ; son
amour de la solitude, l'austérité de son costume
et la simplicité de son régime frugal ont offert
aux anachorètes des siècles suivants un modèle
qu'ils n'ont pas surpassé. Comme plusieurs d'entre
eux, il fit école et ses disciples suivirent ses exemples, on pourrait presque dire sa règle.

La vie commune menée par eux ne présenta
rien d'insolite aux Juifs leurs contemporains. Ils
connaissaient les groupes ascétiques répandus depuis assez longtemps dans les régions qui avoi-

sinent la mer Morte. Les Esséniens y formaient une véritable colonie monastique. Ils étaient au nombre de quatre mille environ. La plupart d'entre eux ne se mariaient point. Ils menaient une vie exemplaire. Ceux qui étaient engagés dans les liens du mariage faisaient tous leurs efforts pour pratiquer les maximes de la perfection religieuse. Aux embarras des villes qui détournent l'âme de Dieu, ils préféraient la solitude des campagnes où le travail de la terre leur fournissait le moyen de pourvoir à leurs besoins. L'agriculture était leur occupation préférée. L'amour de la pauvreté les portait à ne point amasser d'argent et à éviter toutes les industries lucratives. Ils suivaient tous le même régime austère. Le repas qu'ils prenaient en commun avait tous les caractères d'un acte religieux. L'hospitalité, comme toutes les vertus bibliques, était en honneur parmi eux. Une épreuve de trois ans précédait l'admission dans la colonie. Les nouveaux frères s'engageaient par serment à observer la piété, la justice, l'obéissance, l'honnêteté, et à ne violer aucun des secrets de la famille ascétique. Ils recevaient alors une robe blanche, une hache et un tablier. La prière avait dans leur vie une place importante. Elle était soumise aux prescriptions d'une règle qui déterminait tous les exercices de leurs journées. Ils avaient des maîtres, à qui une obéissance sévère les liait. Bien qu'ils insistassent principalement sur le travail, les recherches de la philosophie ne leur étaient pas interdites ; mais ils s'attachaient de préférence à l'étude de la morale et de la nature. Aimer Dieu, aimer la vertu, aimer le prochain, telles étaient leurs trois maximes fondamentales (1).

On s'est beaucoup occupé naguère de la secte des Esséniens. Après quelques écrivains rationalistes, Strauss tenta de les présenter comme les précurseurs immédiats du Christianisme. Mais cette hypothèse n'a pas trouvé grâce devant les critiques de la période suivante. Renan lui-même a dû la sacrifier. La conformité de quelques-uns de leurs usages avec ceux des premiers chrétiens n'implique pas une dépendance telle qu'ils puissent être pris pour leurs ancêtres ; Esséniens et Chrétiens ont puisé à une source juive commune et obéi à la loi de besoins moraux qui étaient un peu les mêmes (2).

Cette secte curieuse est-elle sortie d'un mélange d'idées orientales, grecques et juives, qui aurait eu lieu en Palestine, deux siècles avant Jésus-Christ, au temps de la domination des Antiochus ? Faut-il y voir plutôt une création originale du pharisaïsme juridique ? Ce sont là des questions qui ne sauraient trouver place dans le cadre restreint de cette étude. Mais il nous importe de noter

(1) PHILON, *Quod omnis probus liber.* — JOSÈPHE, *De Bello Judaico*, l. II, 8, *Antiquitatum*, l. XIII, 5, 9, XV, 10, XVIII, 1, 5. — PLINE, *Hist. nat.*, l. V. 17, sont les principales sources. — SCHÜRER, *Geschichte des Jüdischen Volkes*. 2e éd., t. II, 556-559 donne la littérature du sujet. Cf. Dom BERLIÈRE. *Les origines du monachisme et la critique moderne. Rev. bénéd.*, t. VIII (1891), 12-19. — REGEFFE, *La secte des Esséniens.* Lyon. Vitte, 1898.

(2) *Les moines juifs et le Christianisme. Revue des questions historiques*, t. XVII (1875), p. 211-217; article publié pour mettre au point quelques assertions hasardées de Ferd. Delaunay, *Moines et sybilles dans l'antiquité judéo-grecque*, (Paris, Didier, 1874).

ici la tendance qu'elle révèle au sein du monde juif vers un idéal religieux très élevé et un groupement monastique. Il est manifestement impossible de signaler la moindre influence exercée par ces ascètes sur les moines égyptiens et orientaux du IVe siècle ou de la fin du IIIe. Mais le spectacle édifiant de leur vie commune, pauvre, chaste et pieuse ne resta pas inaperçu des disciples du Sauveur et des premiers chrétiens de Jérusalem.

S'il ne la provoqua point, il dut préparer dans les esprits la communauté de vie que menèrent les fidèles de l'Eglise primitive.

Les lévites, qui allaient remplir à tour de rôle dans le temple leurs fonctions sacrées, étaient soumis eux-mêmes à une existence en commun dont le caractère ascétique devait frapper l'attention. Pour préparer la tribu de Lévi à son ministère, Moyse avait eu soin d'imposer à tous ses membres des prescriptions qui en faisaient presque des moines. C'est du moins une réflexion de saint Nil (1).

Il ne faut donc pas être étonné de voir ces tendances régner jusque parmi les Juifs de la dispersion. Une communauté, formée moins d'un siècle après la naissance de Jésus-Christ, celle des Thérapeutes, nous est révélée par le livre du juif alexandrin Philon sur *la vie contemplative*. On a longtemps discuté pour savoir si elle se composait de juifs ou de chrétiens. Les moines du IVe siècle, dans la pensée de se trouver des précurseurs auprès des apôtres et de leurs disciples,

(1) S. Nil, l. I, *epist.* 94. *Pat. gr.*, t. LXXIX, p. 123.

les donnaient volontiers pour des imitateurs des premiers chrétiens de Jérusalem ; saint Marc, le fondateur d'Alexandrie, les aurait institués. Cette opinion s'est perpétuée durant tout le Moyen Age. Le prince de l'érudition moderne, Tillemont, n'a pas craint de la faire sienne (1).

Mais rien, dans le traité de Philon, ne permet de croire au christianisme des Thérapeutes. Malgré cela, certains critiques, à qui répugne l'existence au 1ᵉʳ siècle d'une pareille communauté juive, refusent au célèbre philosophe juif la paternité du *De vita contemplativa* ; ce serait, à les croire, l'œuvre d'un chrétien du III° siècle qui aurait décrit, sous un nom emprunté, la vie des communautés monastiques naissantes alors et reculé ainsi de deux cents ans leur origine. De la discussion de ces opinions est sortie une littérature assez abondante et qui ne manque pas d'intérêt (2). Néanmoins, et c'est le sentiment qui paraît à l'heure actuelle rallier le plus de partisans, l'authenticité du livre en question est assez fortement appuyée pour que l'on puisse affirmer le judaïsme des Thérapeutes et leur existence au 1ᵉʳ siècle (3).

Les Thérapeutes habitaient, à quelque distance d'Alexandrie, sur les bords du lac Marea, une solitude verdoyante et fertile. Le désir de préparer

(1) TILLEMONT. *Mémoires pour servir à l'hist. eccl.*, etc. 2. Paris, 1701, t. II.

(2) Cf. DOM URSMER BERLIÈRE, *Les origines du monachisme et la critique moderne (Rev. bénéd.*, t. VIII (1891), p. 2-12).

(3) CONYBEARE, *Philo. About the contemplative life*, Oxford, 1895. — WENDLAND, *Die Therapeuten und die platonische Schrift vom beschaulichen Leben*. Leipzig, 1896.

leur âme à une contemplation très haute de l'Etre
par excellence les poussait à quitter la ville et à
fuir la société de leurs amis et de leurs parents.
Les hommes au milieu desquels ils vivaient parta-
geaient les mêmes goûts et poursuivaient le même
but. L'existence qu'ils menaient ainsi n'avait rien de
terrestre. Leur régime était des plus frugal : ils se
contentaient de pain et d'eau ; quelques-uns y
ajoutaient de l'hysope. Personne ne mangeait
avant le coucher du soleil. Ils évitaient tout ce
qui n'était pas indispensable à la conservation de
la santé. Plusieurs s'imposaient des jeûnes très ri-
goureux et passaient deux ou trois jours et parfois une semaine entière sans prendre la moindre
nourriture. Un vêtement de peau leur suffisait
durant l'hiver ; quand arrivait l'été, ils le rem-
plaçaient par une tunique de lin blanche, semblable à celle des esclaves.

Leur réfectoire était pauvre. Les lits sur lesquels ils s'étendaient durant le repos étaient en
bois et couverts de papyrus. Les jeunes gens élevés dans la communauté faisaient le service.
Chaque ascète occupait la place que lui assignait
la date de son admission. La discussion ou
l'explication des passages obscurs de la Bible ac-
compagnait leur repas, qui se terminait comme
il avait commencé par la prière et le chant d'un
hymne.

Il y avait un oratoire pour les exercices religieux.
Les Thérapeutes célébraient l'office matin et soir;
ils employaient une grande partie des nuits à
chanter les louanges du Créateur. Le septième
jour de la semaine était particulièrement cher à
leur piété. L'étude des divines Ecritures et de la

philosophie sainte absorbait tout le temps qui n'était pas donné à la prière. C'était, on le voit, une véritable vie contemplative, tandis que la part faite au travail chez les Esséniens en faisait surtout des actifs.

La communauté des Thérapeutes était gouvernée par un président. Tous vivaient dans la pauvreté et pratiquaient la chasteté. On voyait cependant des femmes parmi eux, mais elles aussi restaient chastes. Elles occupaient au réfectoire et au dortoir le côté opposé à celui des hommes.

Les Thérapeutes du lac Marea étaient de tous les plus célèbres. Il y en avait ailleurs, en Egypte et en d'autres contrées où habitaient les Juifs (1). Philon pouvait, avec une fierté légitime, opposer la vie noble et simple de ces ascètes, ses coreligionnaires, aux plus beaux exemples donnés par les plus illustres des philosophes païens. La Grèce et l'Inde ne présentent rien de comparable. Les Thérapeutes sont, en outre, supérieurs aux Esséniens eux-mêmes.

Mais quelle influence ont-ils exercée, sur le monachisme chrétien ? Nous ne pouvons, avec Eusèbe, Cassien et d'autres écrivains ecclésiastiques, saluer en eux les moines de l'Eglise primitive d'Alexandrie et admettre une tradition thérapeutique, qui aurait continué jusqu'à la fin du IIIe siècle. D'autre part, les moines égyptiens du IVe siècle ne leur ont emprunté aucun usage.

---

(1) Cf. MASSÉBIEAU, *Le traité de la vie contemplative et la question des Thérapeutes. Rev. de l'hist. des religions*, t. XVI, pp. 170-198, 284-719.

Si l'œuvre de Philon n'a pas eu d'influence posthume, semble-t-il, elle manifeste un état d'âme curieux parmi les groupes juifs répandus dans le monde grec. Là, comme en Palestine, les esprits élevés tendaient à l'ascèse. Quelques hommes d'élite, sollicités par ces aspirations, abandonnaient le monde et formaient des communautés pieuses. C'est dans des milieux travaillés par ces sentiments et ces besoins que le Christianisme allait s'implanter. Il n'y avait là rien qui répugnât à sa doctrine et à sa morale. Cette doctrine et cette morale, qui sont le développement et la perfection de la loi et des prophètes et qui laissent si loin derrière elles les enseignements de la philosophie grecque, donnèrent bientôt à ces nobles tendances une satisfaction et un élan inconnus jusque-là.

IV

ASCÈTES CHRÉTIENS

Il importe, avant de continuer cette étude, de déterminer exactement le sens qu'il convient de donner au terme ascèse ; ce sera le moyen de dire en quoi l'essence de la vie religieuse consiste. L'ascèse parfois signifie tout cet ensemble d'exercices et de vertus par lesquels une âme lutte contre elle-même et ses tendances mauvaises pour surmonter ses défauts et atteindre un certain degré d'union avec son Créateur. Entendue dans ce sens, l'ascèse appartient à la simple vie chrétienne. Mais nous lui donnons ici une acception moins large ; elle embrasse un certain nombre de vertus, dont l'Evangile ne fait pas une obligation générale ; de là le nom de conseils, qui leur est habituellement donné. Ceux qui en font la règle de leur vie pratiquent un christianisme plus parfait et ils réalisent en eux une ressemblance plus grande avec l'idéal divin qu'est Jésus-Christ.

Ces conseils se trouvent à la base de toute vie religieuse. La vie religieuse a pu, il est vrai, depuis le ive siècle jusqu'à nos jours, revêtir des formes extrêmement variées et subir les phases d'une évolution qui est loin de son terme dernier. Elle s'est divisée et subdivisée en ordres multiples ; chacun d'eux se ressent du caractère de son fondateur et du milieu qui l'a vu naître et grandir. Malgré cette diversité extraordinaire, qui lui permet de répondre aux besoins des temps et des hommes, la vie religieuse a conservé et elle conservera toujours dans son but et dans ses moyens essentiels une admirable unité. Son but est la perfection de la vie chrétienne, ou l'union plus étroite avec Dieu ; ses moyens se réduisent à la pratique des conseils.

Du but de la vie religieuse, il n'y a rien de particulier à dire. Les conseils évangéliques, qui constituent son essence, peuvent être confondus avec l'ascèse. Ils sont au nombre de trois : la pauvreté, par laquelle un homme renonce à tous ses biens et à la possibilité d'en acquérir de nouveaux et se condamne librement à ne jouir d'aucun des avantages procurés par la richesse, tels que le bien-être dans la nourriture, l'habitation et le vêtement ; la chasteté, par laquelle il renonce au mariage et à ses jouissances légitimes ; et enfin une obéissance plus complète à la volonté de Dieu. Dans la vie cénobitique, l'obéissance a pour objet la volonté du supérieur et la règle. L'ermite, dans les premiers siècles surtout, n'avait ni supérieur, ni règle ; sa propre conscience lui en tenait lieu ; l'Évangile, les Écritures et les exemples des saints personnages, ses devanciers, lui fournissaient l'expression des divines volontés.

Il y a eu constamment, au sein de l'Église, des chrétiens qui ont voué la pratique de ces conseils. On peut suivre cette tradition depuis l'heure

présente jusqu'au début du iv° siècle et à la fin
du iii°. Les ascètes que nous rencontrons à
cette époque ne sont pas des individus isolés
menant une existence dout ils ont eux-mêmes créé
le type. Ils appartiennent à une institution qui
est indépendante d'eux. C'est elle qui les a de-
vancés et englobés. Elle existait et fonctionnait
sur la terre d'Égypte, lorsque saint Antoine, le
patriarche de la vie monastique, résolut d'embrasser la vie parfaite (271). Il trouva des ascètes déjà anciens, qui se réclamaient d'une tradition.

D'où venaient-ils? quel est le point initial de
cette tradition?

Franchissons l'intervalle de deux siècles et
demi qui nous sépare de Notre-Seigneur Jésus-
Christ, et voyons s'il a vraiment formulé les conseils de pauvreté, de chasteté et d'obéissance, qui
constituent l'essence de la vie religieuse.

Jésus-Christ ne s'est pas contenté de procla-
mer bienheureux les hommes qui ont l'esprit dé-
taché des biens terrestres (1).

Il imposait à ceux qui voulaient le suivre la
vente de tous leurs biens et un renoncement absolu. Cette obligation pesait sur les apôtres d'une
manière toute spéciale. Notre-Seigneur, dans le
but de la leur rendre plus douce, leur faisait des
promesses magnifiques (2). Il recommandait, en
termes délicats, la pratique de la virginité (3).
Le mariage était l'un des biens auxquels il fallait

(1) *Beati pauperes spiritu.* MAT. v, 3.
(2) MAT. x, 9, 10, xix, 16-29.
(3) *Id.*, xix, 12.

renoncer pour devenir son disciple. L'obéissance à la volonté de son Père fut de sa part l'objet de fréquentes recommandations. Si l'on ajoute à cela tout l'ensemble des prescriptions qui remplissent l'Evangile et dont la pratique se retrouve plus tard dans la vie de tous les ascètes, les enseignements du Sauveur paraissent la base de la vie religieuse et la promulgation de ses vertus fondamentales.

A-t-il fallu attendre trois siècles pour les mettre en pratique? Non, certes.

Jésus-Christ n'a rien enseigné dont il n'ait d'abord lui-même donné l'exemple. Sa virginité dépasse tout ce dont l'homme est capable. Il fut pauvre au point de n'avoir pas même une pierre où reposer sa tête. La conformité à la volonté paternelle fut sa préoccupation constante ; aussi ascètes et moines de tous les siècles ont-ils pu vénérer en lui un modèle accompli. Il ne s'en est pas tenu là. Une vie érémitique et un jeûne de quarante jours l'ont préparé aux trois années de son ministère au milieu des juifs (1). La solitude conserva toujours pour lui un charme puissant. Comme Jean-Baptiste, il eut des disciples, qui vivaient en sa compagnie, dans le but de mieux suivre ses enseignements. On ne pouvait mériter cet honneur sans quitter fortune et famille pour mener avec lui une existence chaste et pauvre et exécuter les volontés divines. Les disciples de Jésus formaient une communauté ascétique, qui le suivait partout et dont il était le chef, on pourrait dire l'abbé. De saintes femmes les accom-

_____
(1) MATH. IV.

pagnaient. Tout parmi eux était en commun. Le
Maître en désignait un qui tenait la bourse et faisait face aux dépenses. Leur régime était frugal
et austère.

La Cène fut le dernier acte que Jésus et les
siens accomplirent ensemble avant sa mort. Dis-
persée un instant par la Passion, la communauté
se reforma promptement. Elle se trouva sur la
colline des Oliviers pour suivre du regard le
Maître allant au ciel et pour recevoir sa bénédiction dernière. Elle revint ensuite attendre dans
le Cénacle la descente promise de l'Esprit saint.

Cette communauté ascétique, gouvernée par
les apôtres, fut le noyau du Christianisme. Les
conversions, que provoqua la prédication de saint
Pierre, ne tardèrent pas à la grossir considérablement. Il y en eut trois mille dès le premier jour.
Les nouveaux frères vendaient leurs biens, dont le
prix était versé dans une caisse commune. Ils habitaient ensemble des maisons consacrées à la communauté (1). Joseph, qui reçut plus tard le nom
de Barnabé, vendit de la sorte un champ, dont il
donna le prix aux apôtres (2). On connaît le châ-
timent que le ciel infligea à Saphire et à Ananie,
en punition de leur manque de franchise (3).

Les apôtres avaient le gouvernement de cette
communauté chrétienne ; ils administraient ses
ressources et veillaient à ce que chacun se trouvât

____

(1) « Omnes etiam qui credebant erant pariter et
habebant omnia communia. Possessiones et substan-
tias vendebant et dividebant illa omnibus prout cuique
opus erat ». *Act. apost.*, ii, 44, 45, iv, 34, 35.
(2) *Id.* iv, 36, 37.
(3) *Id.* v, 1-11.

pourvu du nécessaire. Mais les progrès de la foi, en augmentant le nombre des disciples, les mit dans l'impossibilité de suivre par eux-mêmes tous les détails de l'administration temporelle. Ils choisirent sept diacres, afin de se décharger sur eux de ce soin absorbant (1). La multitude toujours croissante des fidèles, la pauvreté qu'ils avaient embrassée avec tant de générosité et les désordres occasionnés par la persécution ne tardèrent pas à créer une situation extrêmement pénible. Les nouveaux frères, surtout ceux qui se convertirent hors de la Judée, se cotisèrent pour leur venir en aide (2). Le soulagement des chrétiens de Jérusalem fut longtemps un objet de vive sollicitude pour saint Paul au cours de son apostolat parmi les Gentils.

Saint Augustin et quelques-uns des organisateurs du cénobitisme ont vu dans cette Eglise primitive un type que les monastères devaient reproduire. Il ne faudrait cependant pas faire de ces premiers chrétiens des moines semblables à ceux du IVe et du Ve siècle. Tous pratiquaient, il est vrai, une pauvreté vraiment religieuse ; ils vivaient soumis aux enseignements et aux ordres des saints apôtres. Mais la chasteté leur était-elle imposée ? Peut-on admettre qu'elle ait été pour eux une règle générale ? C'est, il semble, une chose assez invraisemblable. Cette vertu néanmoins fut très en honneur dans cette chrétienté naissante. Les apôtres la pratiquaient eux-mêmes. Le souvenir du Sauveur et la présence

(1) *Id.* VI, 1-6.
(2) *Id.* XI, 29, 30.

de sa mère lui étaient une haute recommandation.

Saint Paul ne la prescrivait pas à tous ; mais il
la présentait comme un conseil dont la pratique
rend extrêmement agréable au Seigneur (1). Sa
doctrine ascétique n'a rien de commun avec celle
des manichéens et des hérétiques qui condamnaient le mariage. Car si l'apôtre exalte la virginité, il ne refuse pas à l'union de l'homme et de
la femme la dignité qu'elle tient du Créateur.
L'Eglise a toujours su maintenir intact cet enseignement traditionnel.

Les Eglises, fondées ailleurs par les apôtres, ne
suivirent pas l'exemple de Jérusalem. Les fidèles
conservaient leurs biens et restaient chacun chez
soi. Cette communauté, bien que très éprouvée
par les persécutions, put se maintenir jusqu'à la
destruction de la ville sainte par Titus. Mais si
elle n'offrit point un type invariable à toutes les
chrétientés naissantes, n'y eut-il pas un peu partout des hommes et des femmes, que le désir
d'honorer Jésus-Christ par une imitation plus
parfaite détermina à marcher sur ses traces ?

L'absence de renseignements précis sur l'organisation des Eglises primitives et sur l'état des
chrétiens ne permet de citer aucun fait. Néanmoins on peut, sans témérité, affirmer que l'enseignement des apôtres répandit avec l'Evangile
l'amour de la perfection chrétienne et la pratique
intégrale des conseils, sur lesquels elle repose.
La tradition de l'ascèse commença avec le Christianisme. Les ascètes furent-ils nombreux ? Quelle

____

(1) *I Cor.* vii.

forme extérieure prit leur existence ? Purent-ils former des communautés ? Ne restèrent-ils pas plutôt enfermés dans leurs habitations privée s en évitant de manifester par des signes trop visibles une profession qui, à cette époque de persécutions, aurait certainement créé pour eux un danger grave ? Cette situation leur était imposée par les circonstances pénibles au milieu desquelles le Christianisme eut à se développer. Il faut dans de pareilles conditions s'attendre à deviner leur présence, plutôt qu'à la constater par des témoignages évidents. N'est-ce pas, au reste, le cas de la plupart des institutions ecclésiastiques ?

Ces hommes, voués à la recherche d'une perfection plus haute, libres parce qu'ils étaient chastes et pauvres, préparés par là même à tous les dévouements, appliqués par goût et par devoir à l'étude et à la contemplation de la vérité divine, formaient au sein des Eglises une catégorie de parfaits tout désignés pour recevoir le caractère et les fonctions du sacerdoce. Préposés au gouvernement de leurs frères, ils conservaient, avec une fidélité plus grande, l'image et le souvenir des saints apôtres. Ce ne fut pas cependant une règle absolue. De pareils choix étaient dans la nature des choses ; mais nous ne saurions dire dans quelle mesure les firent le clergé et les fidèles.

Les vierges, recrutés parmi les hommes et parmi les femmes, avaient dans l'Eglise de Smyrne une place assez importante pour que saint Ignace les mentionnât, en écrivant à saint Polycarpe. Cette vertu leur conférait une dignité très appréciée. Elle aurait même pu les entraîner

aux séductions de la vaine gloire. Aussi le saint
martyr, afin de leur épargner cette tentation, les
invite-t-il à rester humbles, en songeant que leur
virginité doit être l'honneur non d'un homme,
mais du Créateur de la chair. La complaisance
qu'ils prendraient en eux-mêmes leur causerait la
mort spirituelle (1).

Le nombre des continents des deux sexes était
considérable au milieu du II° siècle. Leur vertu
honorait l'Église et la doctrine religieuse qui
l'inspirait. Aussi saint Justin est-il fier d'offrir à
l'empereur Antonin le pieux (v. 150) le beau
spectacle de l'innombrable multitude des chrétiens qui pratiquaient une chasteté austère. Il
en connaissait beaucoup, et parmi eux des
hommes et des femmes, qui, nés de parents
fidèles, avaient consacré leur corps à Dieu dès
l'enfance par la virginité. D'autres, qui semb'ent
plus nombreux, convertis au paganisme, avaient
d'abord goûté aux plaisirs de la luxure (2). Le
noble célibat des ascètes chrétiens n'avait donc
rien de commun avec le célibat honteux des Grecs
et des Romains qui, trouvant lourds les liens du
mariage, cherchaient dans la liberté un moyen
de satisfaire plus à l'aise des passions brutales (3).

Ce n'était pas pour nos continents un état tran-
sitoire ; ils lui conservaient leur fidélité toute la
vie. L'amour de Dieu et la ferme espérance de
lui être unis plus étroitement par la chasteté de

(1) Saint Ignace, *Epist. ad Polycarpum,* c. v. *Pat. gr.,*
t. IV, col. 723.
(2) Saint Justin, *Apologia 1 pro Christianis,* 15. *Pat.
gr.,* t. VI, col. 350.
(3) Cf. *Id.* t. XXIX, col. 374.

l'esprit et du cœur leur donnaient cette force (1).

Ils pratiquaient individuellement l'ascèse, sans quitter leur famille ni la cité, vivant ainsi dans l'église locale. On les désignait sous le nom d'*ascètes*, de *continents*, d'*eunuques* ou de *confesseurs*. Les femmes étaient nommées vierges sacrées ou simplement vierges. Vierges et confesseurs formaient, avec les veuves restées fidèles à leur viduité, après un court mariage, une aristocratie religieuse au sein de la communauté chrétienne. Ils avaient leur place marquée à l'église et une mention spéciale dans les prières publiques. On leur prodiguait les témoignages de respect (2).

Mgr Duchesne donne sur les rites qui accompagnaient la bénédiction des vierges et la tradition du voile des détails pleins d'intérêt, mais on peut se demander si elles étaient usitées à l'époque reculée qui retient notre attention. Il faut, pour savoir avec quelque certitude quels pouvaient être la situation et le genre de vie des femmes ascètes, attendre Tertullien et saint Cyprien (3). Et encore sont-ils loin de satisfaire une légitime curiosité.

Plusieurs sectes hérétiques affectèrent alors une allure ascétique plus ou moins caractérisée. Il faut citer les manichéens, les encratites et cer-

(1) ATHÉNAGORE, *Legatio pro Christianis*, 33. *Pat. gr.*, t. VI, col. 966.

(2) Cf. Mgr Duchesne, *Origines du culte chrétien*, p. 404-406 (2ᵉ éd.).

(3) Les renseignements fournis par Mgr Wilpert dans sa savante étude (*Die gottgeweihten Jungfrauen in den ersten Jahrhunderten der Kirche*. Freiburg, 1892) sont presque tous de la fin du IIIe siècle et du siècle suivant.

tains gnostiques. Ils n'eurent, que je sache, aucune influence sur le développement de l'ascèse
chrétienne. Tous partaient d'un point diamétrale-
ment opposé, la condamnation comme mauvaise
des choses dont ils s'abstenaient ; tandis que les
vrais enfants de l'Église déclaraient bonnes toutes
les créatures de Dieu. La privation volontaire
qu'ils s'imposaient leur était inspirée par le seul
désir d'imiter et d'honorer Jésus-Christ. Les mon-
tanistes affectaient une vie particulièrement austère, dont leur fondateur avait donné l'exemple
le premier. Tertullien s'était déjà fourvoyé dans
leurs rangs lorsqu'il écrivit son traité sur *le voile
des vierges*, son *Exhortation à la chasteté*, ses
opuscules *Du manteau, de la monogamie et de
la pudicité*, où l'on peut glaner quelques indications sur la vie ascétique.

Il était encore libre de toute erreur, lorsqu'il
faisait, dans son *Apologétique*, une allusion déli-
cate aux hommes qui étouffaient en eux les flammes
de la luxure par la continence virginale et portaient jusqu'à une vieillesse extrême la pureté de
l'enfance (1). Beaucoup parmi eux avaient l'honneur de remplir les fonctions ecclésiastiques.
Personne n'en était plus digne (2). La virginité
puisait toute sa noblesse dans cette pensée qui re-
viendra fréquemment sous la plume des écrivains
ecclésiastiques : c'est une alliance mystique avec
le Seigneur.

Ces vierges, hommes et femmes, nous l'avons

(1) TERTULLIEN, *Apologeticus*, c. ix. *Pat. lat.*, t. I, col.
327.

(2) *Id., Liber de exhortatione castitatis*, c. xiii. *Pat.
lat.*, t. II, col. 930.

dit précédemment, passaient leur vie au sein de la famille. Leur ascèse était toute privée ; et l'Eglise n'avait pas jugé bon, pour la mettre à l'abri, de la soumettre aux règlements dont l'expérience montra plus tard la nécessité. Ce ne fut pas sans graves inconvénients.

Lorsque la persécution sévissait, un souffle de ferveur soulevait les âmes et les maintenait à une certaine hauteur. Il fallait aux chrétiens une provision habituelle d'héroïsme pour se tenir prêts à affronter le martyre au moment voulu de Dieu. Cette perspective, l'isolement où la crainte les rejetait et aussi un recrutement restreint qui se faisait parmi des hommes d'élite assuraient au Christianisme une supériorité morale et facilitaient à ses enfants la pratique des vertus extraordinaires. Dans de pareilles conditions, les ascètes sentaient autour d'eux un niveau très élevé, où leur vocation se trouvait à l'aise.

La paix relative dont jouirent les fidèles pendant la première moitié du IIIe siècle compromit une situation aussi avantageuse pour les âmes. Le courage faillit ; les conversions perdirent en qualité ce qu'elles gagnaient par le nombre. L'atmosphère religieuse fut moins pure, et le relâchement se glissa bientôt parmi les vierges. C'était visible, surtout à Carthage. Aussi saint Cyprien crut-il devoir, dans les premiers temps de son épiscopat, leur rappeler les vertus de pauvreté, de modestie et de mortification, qui faisaient à leur virginité une parure traditionnelle (1).

____

(1) Saint Cyprien, *Liber de habitu virginum. Pat. lat.*, t. IV, col. 439-464.

A l'époque où Tertullien et saint Cyprien parlaient en Occident des vierges ou des ascètes, Clément d'Alexandrie et Origène signalaient leur présence dans les églises orientales. Ces contrées devaient être plus tard le berceau du monachisme proprement dit. Il est bien naturel que l'ascèse s'y soit développée plus qu'ailleurs. Les ascètes chrétiens dans Alexandrie se vouèrent, avant Plotin et Porphyre, à la recherche de la divine sagesse par la pratique des plus belles vertus pour obtenir l'union avec Dieu. Clément trace le portrait de ces vrais gnostiques dont la grande occupation était d'honorer le Verbe et le Père partout et toujours. Leur vie ressemblait à une fête ininterrompue; le monde leur devenait un temple. L'amour de la solitude les portait à fuir les assemblées frivoles. Bienveillants, doux, affables, patients, austères et chastes, ils tendaient constamment à la perfection de la charité. Pourrait-on être surpris des lumières que leur communiquait la Sagesse divine (1) ? Clément songeait à ces mêmes gnostiques quand il exposait ailleurs le sens des paroles que le Sauveur adressait au jeune homme de l'Évangile : « Vas vendre tes biens, distribue le prix aux pauvres et viens à ma suite ». Ce lui fut une occasion de célébrer les avantages de la pauvreté volontaire. Elle ouvre avec la chasteté le chemin qui conduit à la vie éternelle promise par Notre-Seigneur (2). Ce langage pourrait, de nos jours, être tenu devant des moines et des moniales.

(1) CLÉMENT D'ALEXANDRIE, *Stromatum*, lib. VII, c. VII. *Pat. gr.*, t. IX, col. 449-472.
(2) *Id.*, *Liber quis dives salvetur*, col. 663-651.

Origène donnait un enseignement ascétique plus caractérisé encore. Il commença lui-même par vivre en ascète. Au témoignage de saint Pamphile, de saint Grégoire le Thaumaturge et d'Eusèbe, son existence fut celle d'un gnostique, pauvre et austère. L'excès auquel le poussa la crainte de perdre la virginité montre l'estime qu'il faisait de cette vertu. Il s'exerçait au jeûne, à l'abstinence et aux veilles saintes. La contemplation de la vérité, l'étude des Ecritures et l'enseignement de la sagesse absorbaient ses journées. Un pareil homme, doué d'un tel génie, sut communiquer à ses disciples l'amour de la gnose. Ils menaient ensemble une existence qu'il ne serait pas téméraire d'appeler monastique. Le maître put donner fréquemment sa pensée sur l'ascèse et les exercices qui la doivent accompagner. Bornemann a réuni et comparé tous les textes disséminés dans ses écrits. Ils lui permettent de conclure que Origène recommandait la pratique du détachement et de la pauvreté volontaire, de la virginité, de la contemplation, de la solitude, des divers exercices ascétiques et même de la vie commune, toutes choses qui caractérisaient la vie des ascètes des trois premiers siècles et des moines de l'époque postérieure (1).

Ses enseignements montrent quelle place importante l'ascèse chrétienne s'était faite à Alexandrie. Rappelons que cette même cité avait vu naître et grandir une communauté juive de Thérapeutes. Et à l'époque où Clément et Origène arrivaient,

(1) BORNEMANN, *In investiganda monachatus origine quibus de causis ratio habenda sit Origenis*. Gœttingue, 1881.

le mysticisme néo-platonicien y prenait son essor. Ascètes et néo-platoniciens obéissaient à deux courants bien distincts ; et, s'il y eut quelque influence de l'un sur l'autre, c'est au premier que revient cet honneur.

L'ascèse se développa ailleurs que dans Alexandrie. On la trouva florissante sur les bords du Nil, vers le milieu du III° siècle. Sans parler du cas isolé de saint Paul qui s'enfonça le premier dans le désert, il y avait auprès du village de saint Antoine des hommes voués à la recherche de la perfection. Les chrétiens, mus par cette pensée, vivaient isolés à une petite distance des lieux habités. C'était alors la coutume générale en Egypte, dit saint Athanase. Les vierges avaient des monastères. Antoine y plaça sa jeune sœur. Pour se ménager les avantages d'une formation sérieuse, il fixa lui-même son séjour auprès d'un ascète, qu'il prit pour modèle. C'était un vieillard. Le jeune moine visitait souvent les anciens de la contrée pour mieux apprendre à leur école les règles de l'ascèse. Cela se passait en 271 (1).

Lorsque saint Pakhôme voulut, après les persécutions, embrasser la vie religieuse, il chercha dans le désert le vieux solitaire Palamon, qui lui transmit les lois ascétiques ; il affirmait les tenir lui-même de ses anciens. Les débuts d'Antoine et de Pakhôme nous mettent donc en présence d'une tradition religieuse qui s'en va rejoindre celle dont les écrits d'Origène et de Clément conservent l'écho et se perdre avec elle dans les origines du Christianisme.

(1) S. Athanase, *Vita S. Antonii*, 2, 3. *Pat. gr.*, t. XXVI, col. 542-545.

La Palestine, qui avait vu la première communauté ascétique, n'en perdit pas complètement le souvenir durant les persécutions. L'évêque de Jérusalem, Narcisse, qui déjà vivait en ascète, pour échapper aux calomnies accréditées contre sa personne, s'enfonça sur la fin du II° siècle, dans un désert, où il passa de longues années (1). Vers le terme du siècle suivant, un disciple d'Origène, Pamphile, prêtre de Césarée, abandonna fortune et honneur pour embrasser les exercices austères de la sainte philosophie. Parmi les chrétiens qui reçurent avec lui la palme du martyre durant la persécution de Maximin II, se trouve l'ascète Pierre Apselame (2).

Nous sommes beaucoup moins renseignés sur la présence de l'ascèse en Occident. Sulpice Sévère, en racontant la vie de saint Martin, parle des solitaires, qui vivaient dans l'Italie septentrionale, non loin de Pavie. Leur exemple inspira au jeune Martin le désir de mener lui-même la vie monastique. Il avait alors une douzaine d'années. Ce qui nous porte à 330 environ (3).

Tels sont les faits qu'il nous a été possible de recueillir sur l'ascèse chrétienne durant les trois premiers siècles de notre histoire. S'ils nous permettent de conclure avec certitude à son existence, nous ne saurions leur emprunter les indications nécessaires pour avoir une idée précise de ce que pouvait être cette institution. Elle nous est apparue vivante surtout à l'époque voisine de la

(1) EUSÈBE, *Historia eccles.*, l. VI, c. 9. *Pat. gr.*, t. XX, col. 538, 539.
(2) *Id. De martyribus Palestinæ*, c. 10, 11. *Ibid.*, col. 1498, 1499.
(3) SULPICE SÉVÈRE, *Vita S. Martini*, II, ed. Halm, 112.

paix de l'Eglise. Ce fut alors le commencement d'une évolution qui devait aboutir au monachisme du IV° siècle. Les lettres apocryphes de saint Clément *aux Vierges* des deux sexes pourraient bien être l'œuvre d'un évêque, préoccupé par cette phase nouvelle dans laquelle entrait le développement de l'ascèse (1). Il n'y aurait aucune témérité à faire siennes les paroles suivantes de Tillemont : « Les ascètes estoient ordinairement seuls ou fort peu ensemble. On en voyait rarement cinq ou six, ou dix au plus dans un mesme lieu, qui se soutenoient les uns les autres (mais sans aucune subordination) et sans autre discipline que les règles générales de la crainte de Dieu et qui ne se maintenaient ainsi qu'avec beaucoup de peine dans la piété (2) ».

Il y eut surtout pour imprimer à cette évolution son caractère un homme qui eut sur l'avenir du monachisme une influence décisive, saint Antoine. Quand fut close l'ère des persécutions, il vit croître considérablement le nombre de ses disciples. Ils peuplèrent les solitudes égyptiennes. Les moines, qu'il n'avait pas initiés personnellement aux exercices de l'ascèse, se réclamaient de son nom et voulaient être de ses disciples. Ce fut l'un de ses fils spirituels, saint Hilarion, qui propagea en Palestine la vie monastique.

L'admiration profonde de saint Athanase pour le patriarche des solitaires contribua beaucoup à l'extension de son influence. Aussi trouvons-nous le nom et la vie de saint Antoine au berceau du

(1) *Pat. gr.*, t. I, col. 350-4.

(2) Tillemont, *Mémoires pour servir à l'histoire ecclésiastique des six premiers siècles*, t. VII, p. 177.

monachisme à Rome et à Trèves. C'est cette même vie qui provoqua la vocation monastique de saint Augustin et prépara ainsi la diffusion de la vie religieuse dans l'Afrique romaine.

Dans l'Asie Mineure, saint Basile fut le propagateur du monachisme. Mais avant de se mettre à l'œuvre, il alla recevoir les leçons des maîtres de l'ascèse en Egypte et en Palestine.

L'arianisme, en exilant les défenseurs de l'orthodoxie, provoqua un va et vient entre l'Orient et l'Occident, qui eut les conséquences les plus heureuses. Si Rome et les Gaules apprirent de la bouche d'Athanase les merveilles de la Thébaïde, Hilaire de Poitiers et Eusèbe de Verceil purent contempler de leurs yeux l'efflorescence orientale de la vie religieuse. La piété, qui poussait les Occidentaux à visiter Jérusalem et les lieux saints, leur fut une occasion nouvelle de puiser directement aux sources de la vie religieuse. Les invasions barbares accentuèrent cette émigration. Si saint Jérôme, fixé auprès de la grotte de Bethléem, se contentait de stimuler par ses lettres le zèle des Romains et des Romaines, Rufin et Cassien allèrent dire, le premier en Italie et le second en Provence, ce qu'ils avaient vu ou entendu pendant leur séjour en Palestine ou en Egypte.

La persécution ne faisait plus couler le sang des chrétiens. Il n'y avait donc plus de martyrs. L'héroïsme cependant n'abandonnait pas la chrétienté. Les âmes, qui subissaient son impulsion, prirent le chemin de la solitude où les exemples de saint Antoine et de ses émules les encourageaient à s'immoler elles-mêmes par une existence faite de sacrifices.

V

LA VIE MONASTIQUE AU IV° SIÈCLE

Le IV° siècle fut pour la vie monastique une
ère de diffusion et d'organisation. Il ne lui fallut
pas moins de cent ans pour s'installer dans l'Empire Romain. Les chrétiens orientaux lui firent
l'accueil de beaucoup le plus empressé. Il y eut
de très bonne heure autour de leurs moines une
littérature abondante, qui permet de reconstituer
facilement l'idée qu'ils se faisaient de l'ascèse et la
manière dont ils la pratiquaient.

L'Occident se montra tout d'abord plus réservé.
Mais le même enthousiasme finit par le saisir et
par lui imprimer un élan presque égal vers les
exercices de l'ascèse monastique. L'Italie et la
Gaule attendirent le milieu du IV° siècle et l'Afrique romaine connut les moines plus tard encore.
La péninsule Ibérique et les îles de Bretagne les
virent paraître vers la même époque.

Quelle fut la cause de cette lenteur ? Dans la
période des origines chrétiennes, le foyer de la
vie et de l'action se trouva presque toujours placé
en Orient. Toujours son rayonnement demanda un
temps plus ou moins long avant d'atteindre le

4

contrées occidentales. C'était dans la nature des choses.

Là comme en Egypte et en Palestine, ce développement se fit par l'influence des grands saints, qui inaugurèrent la vie monastique. Quelles qu'aient été l'étendue et la profondeur de leur action personnelle, on les voit partout agir et parler en pleine conformité d'esprit et de doctrine avec les solitaires égyptiens. Les Pères du désert furent longtemps les maîtres, dont les enseignements avaient force de loi, et les types que l'on cherchait à imiter. Il ne faudrait pas cependant exagérer cette tendance des ascètes occidentaux à marcher sur les traces de leurs frères de l'Orient. Au lieu de s'en tenir à une imitation servile, ils se préoccupèrent d'adapter aux exigences des mœurs et des tempéraments un genre de vie assez souple pour satisfaire les aspirations ascétiques des habitants de toutes les contrées.

En Orient comme en Occident, les moines devinrent extrêmement nombreux. Les chiffres donnés par saint Jérôme et Pallade pour la Thébaïde et par Sulpice Sévère pour les régions occidentales de la Gaule sont manifestement exagérés ; malgré cela, l'ensemble des renseignements que nous possédons permet d'affirmer que, une fois implantés dans un pays, les moines s'y multiplièrent très rapidement. On a tenté de nos jours de donner à ces multitudes ascétiques des explications toutes naturelles, empruntées aux crises sociales et agricoles que traversait l'Empire ; on a beaucoup parlé aussi de l'influence exercée par les invasions barbares. Il est impossible de vérifier ces assertions. Mais on peut affirmer sans crainte que ces motifs ne suffisent point à expliquer ces migrations nombreuses vers la solitude, l'un des phénomènes les plus curieux de l'histoire au ivᵉ siècle. Il y a là une poussée extraordinaire imprimée par l'Esprit de Dieu qui anime l'Eglise aux âmes généreuses. Elles s'en vont toutes à la recherche de l'union avec Dieu par la fuite du monde, la lutte contre soi-même et la pratique des enseignements de l'Evangile. Plusieurs parmi les moines ont eu l'occasion de révéler le mobile de leur vie. Nous pouvons les croire sur parole.

Dans cette merveilleuse efflorescence du monachisme, tout ne fut pas admirable. On trouvait parfois, déguisés sous des dehors religieux, des hommes indignes, dont la conduite scandaleuse contrastait singulièrement avec la sainteté qu'ils affectaient. Il n'est pas facile de dire exactement jusqu'où allèrent ces abus déplorables, qui sont l'escorte honteuse de notre pauvre humanité. Mais, quels qu'en aient été le nombre et la gravité, ce ne furent jamais que des faits isolés, déshonorant leurs seuls auteurs, sans atteindre une institution, entourée d'estime par les évêques et les fidèles. Les mauvais moines trouvèrent dans les moines vertueux des censeurs parfois très sévères.

Les religieux menaient pour la plupart une existence austère et sainte. Leurs vies, racontées par des biographes souvent contemporains, peuvent être rangées parmi les récits les plus édifiants. Leur influence se fait encore sentir sur l'ascèse chrétienne. Malgré la répugnance qu'ils inspiraient aux païens et à des hommes légers n'ayant de chrétien que le nom, ils eurent aux yeux du peuple un prestige avec lequel le clergé dut lui-même compter. Les prêtres et les clercs finirent par subir leur influence, en se rapprochant de leur manière de vivre dans la mesure du possible. Il serait intéressant de suivre à travers toute l'histoire de l'Eglise cette action du monachisme sur le clergé, si cela ne nous entraînait hors du cadre qui nous est tracé par le présent travail. Bornons-nous à dire que l'élévation d'un grand nombre de moines à la dignité épiscopale ou sacerdotale contribua beaucoup à la rendre efficace et profonde.

En Egypte, les religieux se recrutèrent surtout dans les rangs du peuple et dans les classes moyennes. L'aristocratie fournit bientôt son contingent. La noblesse et ce que nous appellerions aujourd'hui la bourgeoisie influente donna aux solitudes de la Syrie et de la Cappadoce de nombreux ascètes. L'élite du patriciat romain embrassa le même genre de vie. Les vocations ne furent pas moins nombreuses dans les premières familles gallo-romaines.

La grande majorité des moines se contentait d'une culture intellectuelle très ordinaire. On vit néanmoins se confondre parmi eux des hommes qui avaient reçu, aux plus célèbres écoles de l'Empire, une formation littéraire et philosophique très développée. Il suffit de citer les noms de saint Basile, de saint Grégoire de Nazianze, de saint Jean Chrysostome, de saint Jérôme, de saint Augustin. Et ils ne furent pas les seuls. Le monachisme apparut comme un refuge céleste aux âmes élevées, que soulevait de dégoût la décomposition du vieux monde païen.

On n'ajoutait pas grande importance, dans ces milieux ascétiques aux études profanes. Il n'y vint à l'idée de personne d'ouvrir des écoles pour initier la jeunesse à leur connaissance. La science de Dieu et des choses divines satisfaisait pleinement leur curiosité. Ils auraient été facilement portés à envelopper dans le même sentiment de mépris et d'horreur le culte des idoles et la littérature et la philosophie païenne.

Les chrétiens de cette époque allaient avec une grande simplicité. Ils se faisaient un idéal ascétique très large ; de là des variétés surprenantes, et d'étranges singularités. On serait très embarrassé de formuler avec quelque précision les pensées qui animaient toutes leurs pratiques.

Il y avait des ermites et des cénobites. Toutefois les solitaires, voués à un isolement absolu, furent très rares. Cet état ne jouit pas d'un grand crédit parmi les hommes en qui on peut vénérer les maîtres de l'opinion monacale. Les dangers moraux et matériels qu'il présentait légitimaient suffisamment cette réserve prudente. Les uns ne s'éloignaient pas trop des pays habités : les autres rapprochaient assez leurs cellules pour participer dans une certaine mesure aux avantages de l'association. La demeure de l'ermite portait le nom de monastère tout aussi bien que la maison où habitaient plusieurs cénobites. C'était d'ordinaire une pauvre cabane, construite en terre, en bois ou avec des cailloux. Quelques-uns trouvèrent plus simple d'utiliser les cavernes naturelles, les grottes funéraires des anciens Egyptiens ou encore les sépulcres abandonnés dans le voi-

sinage des villes. Il y en eut qui, jugeant su-
perflue l'habitation la plus modeste, vécurent en
plein air.

Le groupement érémitique le plus ancien et le
plus important est celui qui se forma dans la
basse Thébaïde autour de saint Antoine. Il est
surtout connu grâce à la popularité dont jouit
en Orient et en Occident la biographie du célèbre
anachorète écrite par son admirateur et ami, saint
Athanase. L'influence d'Antoine se fit sentir bien
au delà de ce groupe. Les principaux Patriarches
de l'Egypte monacale réclamaient l'honneur d'être
ses discip'es. Sa doctrine, ses exemples et le
prestige de son nom contribuèrent pour une part
très large à préciser l'organisation de l'ascèse et
à lui donner la forme monastique sous laquelle
le ıv⁰ siècle nous la montre.

Son disciple, saint Hilarion, propagea la vie
solitaire en Palestine. Deux mille ermites environ,
disséminés des rives de la Méditerranée aux
confins du désert, le vénéraient comme un maître.
Ce ne furent pas les seuls anachorètes de la Palestine et de la Syrie.

Les groupes érémitiques de Nitrie et de Scété,
en Egypte, dans le désert qui s'étend à gauche du
Nil, comptèrent quelques milliers de moines.
Nous les connaissons grâce aux écrits de Pallade,
de Rufin et de Cassien. Leur vie était mieux organisée que celle des disciples d'Antoine. Le désert habité par eux avait des limites déterminées.
Ceux qui avaient besoin d'une retraite absolue se
retiraient plus loin. Les autres habitaient des
cellules pas trop séparées ; ce qui leur permettait
des relations charitables. Ils se réunissaient tous

le samedi et le dimanche pour assister, dans une église commune, aux offices liturgiques. Le groupe était gouverné par le sénat des anciens et administré sous leur contrôle. Les religieux que recommandaient l'âge et l'expérience recevaient le nom d'abbé. Chacun avait d'ordinaire quelques disciples. C'était une organisation absolument originale. Elle différait beaucoup, malgré certaines ressemblances, de celle adoptée par les laures de la Palestine. Les laures étaient régies par un chef unique. Les frères habitaient seuls des cellules isolées ; il y avait un monastère où ils se préparaient, dans les exercices de la vie commune, à la solitude.

La séparation des demeures n'était pas tellement le signe distinctif de la vie érémitique que les cénobites ne l'aient jamais adoptée. Ils ne songeaient guère, à cette époque, surtout quand ils étaient nombreux, à construire une vaste maison capable de les abriter tous. Une agglomération de cabanes leur parut généralement préférable. Ce fut le système de construction en usage à Tabenne et dans les monastères qui suivaient la règle de saint Pakhôme. Chaque monastère formait une cité entourée de murs, distribuée en quartiers et en rues. Il y avait une église commune, un réfectoire et d'autres salles. Le monastère de Saint-Martin à Marmoutiers avait une organisation analogue, mais plus restreinte, car les moines étaient beaucoup moins nombreux.

Le groupe pakhomien est l'un des plus intéressants qui se rencontre dans l'histoire. Non seulement on y vit dès le début une règle précise, laissant fort peu de chose à l'arbitraire ; mais toutes ces communautés formaient entre elles une fédération ou congrégation organisée avec force et sagesse. Il y avait un supérieur général, un procureur général et des supérieurs généraux : toutes choses qui offrent quelque ressemblance avec les ordres religieux modernes. L'Occident connut Tabenne par la traduction hiéronymienne de sa règle et par une version latine de la vie de son fondateur. On en retrouve plus d'une fois la trace sous la plume de saint Benoit.

Les cénobites menèrent souvent une vie commune plus étroite. Toute leur existence se passait dans une maison avec réfectoire, dortoir communs, etc. C'est le système qui prévalut dans la suite. Il est, en particulier, à la base de la règle bénédictine et de celle de saint Basile. Les constructions ordinaires suffisaient aux besoins de ces moines au sein des villes et dans les petites localités. Cassien, saint Jérôme et divers hagiographes fournissent des renseignements sur la manière dont ces cénobites comprenaient et pratiquaient l'ascèse, sans qu'on puisse généralement déterminer avec exactitude les lieux auxquels se rapportent les détails par eux donnés. Les usages suivis en Palestine présentaient, avec ceux de l'Egypte, des différences très sensibles. On ne les retrouve nulle part mieux que dans les premiers livres des institutions de Cassien.

Saint Basile, lui, régna sur les monastères du Pont et de la Cappadoce. Il eut pour auxiliaire saint Grégoire de Nazianze. Les deux règles de saint Basile retracent exactement la physionomie des communautés d'hommes ou de femmes formées par lui. Il ne faudrait cependant pas y chercher la méthode rigoureuse et précise des règles modernes. C'est un code plutôt moral que disciplinaire, complété par les traditions monastiques générales ou locales et surtout par l'autorité du supérieur, à qui saint Basile fait la part très large. Ces règles sont devenues, avec les additions que leur ont imposées les conciles, les empereurs byzantins et les réformateurs, la norme des monastères orientaux. Rufin les fusionna dans une version latine, qu'il destinait aux monastères de l'Occident. Fut-elle suivie intégralement quelque part, en Italie ou dans les Gaules ? Il est difficile de le dire. Mais on peut affirmer que les organisateurs de la vie monastique des siècles suivants, saint Benoit en particulier, y puisèrent comme à une source très pure.

On ne saurait trop dire ce que fut, en Italie, le monachisme au ive siècle. Il n'est resté de cette époque aucun monument qui en donne une idée exacte. Un fait néanmoins mérite d'être signalé. Saint Eusèbe, évêque de Verceil, frappé par le grand ascendant que la pratique des vertus monastiques donnait aux moines, voulut donner ce prestige aux membres de son clergé ; les prêtres et les clercs de son Eglise embrassèrent la vie religieuse et, dans la suite, se recrutèrent parmi les moines. C'est le premier exemple de cette union du monachisme et de la cléricature dans un diocèse. Il sera, nous le verrons, reproduit ailleurs.

Le monachisme africain fut établi sur cette base, par saint Augustin, non pas au début de sa conversion, mais après son élévation sur le siège épiscopal d'Hippone. Il transforma vite sa maison en monastère et les clercs ; qui habitaient celle-ci, durent tous embrasser la vie religieuse. Ses disciples, appelés au gouvernement de divers Eglises africaines, prescrivirent à leur clergé une vie semblable. Les monastères épiscopaux ne furent pas les seuls de cette contrée. Augustin avait d'abord fondé à Tagaste un monastère laïque. Il y en eut, en particulier, dans le voisinage de Carthage. L'évêque d'Hippone s'occupa très activement des communautés religieuses d'hommes ou de femmes. Ses écrits renferment des témoignages variés de sa sollicitude. Voici les trois plus importants. C'est, en premier lieu, une lettre qu'il écrivit à la supérieure et aux moniales d'un monastère de sa ville (1). Les législateurs monastiques de la Provence et de la Gaule méridionale lui ont fait de larges emprunts. On en retrouve quelques passages dans la Règle de saint Benoit. Des monastères l'ont même adoptée tout entière et en ont fait leur règle véritable. Les discours 355 et 356 d'Augustin, qui portent le titre *De vita et moribus clericorum suorum* (2), renseignent abondamment sur l'organisation de son monastère. Ils ont fait faire un grand pas à la législation monastique, par l'institution de la désappropriation complète ou du testament, qui doit précéder la profession religieuse. Son livre du *Travail des moines* (3) précise avec toute la force désirable l'obligation où est le religieux de gagner sa vie par un labeur assidu. C'est

(1) S. AUGUSTIN, *Epist.* 211. *Pat. lat.*, t. XXXII, col. 960-965.

(2) *Pat. lat.*, t. XXXIX, col. 1568-1581.

(3) *Pat. lat.*, t. XL, col. 547 et s.

une doctrine sage et féconde que les fondateurs d'ordre des âges suivants se sont fidèlement transmise les uns aux autres.

Nous ne voyons pas les moines de l'Afrique romaine à travers les récits merveilleux qui abondent en Orient. Les mille détails de leur vie intime nous apparaissent beaucoup moins. Mais l'histoire nous les montre qui s'organisent et s'orientent sous l'action lumineuse de saint Augustin. Impossible de saisir le terme vers lequel tend leur évolution. On les sent néanmoins engagés dans une voie qui, en passant par les premiers monastères provençaux, par Subiaco et le Mont-Cassin, où ils retrouveront l'action orientale, par Luxeuil, où fusionneront moines latins et moines celtes, par saint Boniface et par le puissant organisateur que fut saint Benoît d'Aniane, les mènera à Cluny et à Citeaux. Durant cette procession séculaire, le monachisme apparaît toujours semblable à lui-même. L'étonnante facilité, qui lui permet de s'enrichir et de se dépouiller afin de donner pleine satisfaction à des aspirations multiples, ne brise jamais son unité merveilleuse, qui a sa cause dans la notion si simple de la perfection évangélique, telle que la comprit l'ascèse primitive.

Enveloppée dans sa simplicité durant les trois premiers siècles, l'ascèse s'épanouit au grand air, quand sonna la fin des persécutions. Elle s'enrichit presque aussitôt de manifestations extérieures nombreuses et variées, qui furent comme son efflorescence nécessaire. Les moines se distinguèrent davantage de la foule des chrétiens par un costume spécial ; leurs pratiques de

pénitence et de mortification furent mieux déterminées ; la prière en commun ne tarda pas à être
soumise à des règles fixes. Les groupes érémitiques et les cénobites furent les premiers, cela se
comprend sans peine, à fixer ainsi leurs usages par
la coutume et la tradition, avant qu'on ne son-
geât à les codifier dans des règles proprement
dites.

Les moines formaient alors un état intermé-
diaire entre les clercs et les laïques. Il n'y avait
dans leur profession rien qui les autorisât à se
mêler aux fonctions cléricales. Mais, comme nous
l'avons dit plus haut, les vertus qu'ils pratiquaient et la grandeur morale qu'ils acquéraient
ainsi les signalaient trop à l'attention des fidèles
et à leur estime pour qu'on ne conférât point à
quelques-uns d'entre eux le sacerdoce ou la dignité épiscopale. Les moines clercs formèrent à
Verceil et en Afrique des communautés à part.
Ailleurs ils vécurent soit dans les monastères au
milieu des religieux laïques, soit auprès de
l'église confiée à leur sollicitude. Ils eurent ainsi
à remplir toutes les fonctions inhérentes à la cléricature.

Mais quel qu'ait été le nombre des moines in-
vestis de cette dignité, la grande majorité resta
laïque, et il n'y eut aucune confusion entre
ce qu'on pourrait appeler l'ordre des moines et
l'ordre des clercs. Chrétiens voués à la recherche
de la perfection, ils ne restèrent pas étrangers
aux préoccupations religieuses de leurs contemporains. Les grands intérêts de la foi les passion-
nèrent souvent. Et on les vit se mêler aux luttes
doctrinales, qui désolèrent la chrétienté. Leur

intervention détermina, en plus d'une circons-
tance, les fidèles à se prononcer en faveur de
l'orthodoxie. Malheureusement, ils ne surent pas
toujours discerner la vérité de l'erreur.

La propagation du Christianisme parmi les
païens et les barbares, l'instruction religieuse des
populations ignorantes, l'assistance des indigents,
le soin des malades, la rédemption des captifs et
la plupart des œuvres de miséricorde excitèrent
souvent leur zèle. Il ne faudrait point envisager
tous les solitaires de cette époque primitive comme
des contemplatifs, étrangers à la société et à ses
besoins. Beaucoup, parmi eux, menèrent au service du prochain une vie très active.

Il leur fallait travailler afin de pourvoir aux
besoins de leurs corps. L'agriculture fut naturel-
lement leur occupation préférée. Mais le sable du
désert et les rochers des montagnes, qui four-
nirent une retraite à tant de solitaires, ne leur
donnaient pas toujours la possibilité de l'exercer.
On les voyait alors se livrer à la confection d'us-
tensiles, qu'ils allaient vendre aux marchés du
voisin. Quelques-uns, ceux de Scété en particulier, quittaient leur solitude à l'époque des ré-
coltes et se louaient en qualité de moissonneurs,
dans la vallée du Nil, moyennant une rétribution
qui leur assurait le pain de l'année.

En somme, et pour terminer, on trouve dans
les écrits et dans la vie des moines du IVe siècle
les principes sur lesquels repose la vie religieuse
des siècles postérieurs. Aussi tous les fondateurs
et réformateurs d'ordre, tous les docteurs de la
vie ascétique y ont-ils puisé des maximes et des
exemples appropriés à leurs desseins. Cette har-

monie et cette continuité sont la manifestation la
plus éclatante de la vitalité des institutions monastiques et de la confiance que leur avenir peut
inspirer (1).

(1) Voici la liste de quelques ouvrages sur le
monachisme du iv⁰ siècle dont la lecture peut être
recommandée : Bulteau, *Essai de l'histoire monastique
en Orient* (Paris, 1678, in-8.) — Tillemont, *Mémoires pour
servir à l'histoire ecclésiastique des six premiers siècles*,
tomes VI à XIII. — Dom Butler, *The Lausiac history of
Palladius* (Cambridge, 1898.) — Ladeuze, *Étude sur le cénobitisme Pakhomien* (Louvain, 1898.) — Dom Besse, *Les
moines d'Orient* (Poitiers, 1900); *Le monachisme africain.* (Ibid).

FIN

TABLE DES MATIÈRES

Saint-Amand (Cher). — Imprimerie BUSSIÈRE